LES

BRETONS

ET

LE GOUVERNEMENT

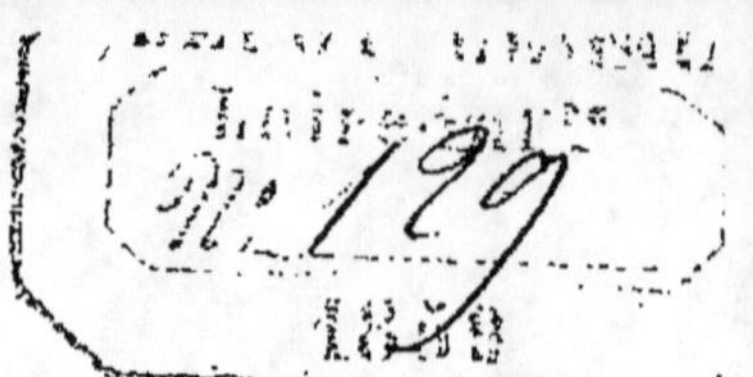

NANTES

IMPRIMERIE VINCENT FOREST ET ÉMILE GRIMAUD

Place du Commerce, 4

—

1872

Nantes. — Imp. Vincent Forest et Émile Grimaud, place du Commerce, 4.

LES BRETONS ET LE GOUVERNEMENT

Pierre et Jacques, *en revenant de la foire.*

Pierre. — Allons ensemble, compère, nous trouverons la route moins longue et nous causerons. Le bétail se vend encore bien; mais on dit que les foires vont tomber, parce qu'il y aura encore des élections. Qu'ils s'en aillent au diable! On n'entend plus parler que de ces choses-là, et les affaires ne vont pas mieux, bien au contraire. J'ai été chez Jean-Jean, vous le connaissez bien, celui qui tient cabaret au coin de la rue des Moutons. Eh bien, il m'a dit qu'il y aurait encore des élections sans tarder. — Et pourquoi? lui ai-je répondu. Pour envoyer des gens choisir un gouvernement, m'a-t-il dit. — Mais, a-t-il ajouté, n'envoyez pas de nobles; ceux-là sont les plus mauvais qu'on puisse trouver sur la terre; ils nous feraient venir un roi qui finirait par nous ruiner. N'avez-vous pas entendu cela, compère?

JACQUES. — J'ai peut-être entendu plus long que vous, compère, car j'ai été chercher de l'argent chez le boucher de la rue Neuve; celui-là est fin, riche et bon homme, franc; il paie volontiers une chopine à un paysan. Eh bien, Jacques, m'a-t-il dit, ces jours-ci nous irons encore voter, et sans doute vous voterez comme les prêtres et les nobles; ceux-là sont vos plus grands amis. Entre vous, paysans, vous êtes assez sots pour vous laisser gagner par ce qu'ils vous disent. Ils sont la cause que la Prusse nous a fait la guerre. Ils veulent amener Henri V, et alors nous irons faire la guerre pour défendre le Pape qui envoyait aux Prussiens l'argent qu'on quêtait pour lui. Vous savez qu'autrefois les nobles faisaient ce qu'ils voulaient du pauvre paysan, lui enlevaient son bien et le pendaient sur quelque montagne. Les prêtres ramèneront la dîme.

PIERRE. — Vierge Marie! Il n'y aura donc pas de fin? J'ai aussi entendu dire souvent que les prêtres étaient avec les nobles, mais je ne croyais pas, parce que notre recteur est un digne homme, dam! et M. le curé (vicaire) également, un vrai paysan, comme ses parents que j'ai bien connus; et ils se mettraient du côté de ces nobles qu'on disait autrefois si mauvais? car, compère Jacques, j'ai aussi entendu dire par des gens habiles qu'ils faisaient autrefois ce qu'ils voulaient, et jamais de punition pour eux.

JACQUES. — Oui, compère, les prêtres se lèvent du côté des nobles, car aujourd'hui ils sont devenus trop riches, et on veut leur enlever ce que leur donne le gouvernement; et vous savez bien que cet argent est prélevé sur nous autres paysans. D'un autre côté, si Henri V vient, il rendra leurs droits aux nobles.

Mais voilà Charles qui arrive; celui-là est un garçon bien fin, il saura peut-être quelque chose.

Eh bien! Charles, vous allez aussi à la maison? nous parlions des affaires, mais elles vont très-mal, d'après ce qu'on nous a dit en ville.

CHARLES. — Hélas! elles ne vont pas comme nous le voudrions; mais je crois que les gas de ville ne les rendront pas meilleures. Vous savez bien qu'ils n'ont jamais cherché qu'à tromper les paysans. Qu'avons-nous à gagner avec eux? Ils n'ont pas de religion, ils ne vont jamais à la messe ni à confesse, et ce qu'ils cherchent, c'est de venir nous piller et nous voler à la campagne. N'avez-vous pas entendu parler, vous autres, de ce que leurs parents faisaient parmi nous à la grande révolution? En 1830 même, ne les avez-vous pas vus venir à la campagne chercher des chouans, disaient-ils; mais au lieu de chouans, c'était du lard qu'ils emportaient sur leurs baïonnettes. Je crois que c'est cela qu'ils cherchent encore, car ils ne sont que des fainéants qui cherchent à faire la noce. Ils ne veulent pas travailler et veulent bien vivre.

JACQUES. — Mais cependant, Charles, les prêtres et les nobles sont d'accord, et on dit qu'ils ont été la cause de la guerre contre la Prusse, et qu'ils veulent faire revenir la dîme et les droits des nobles.

CHARLES. — Pour moi, je ne crois pas toutes ces tromperies. Les prêtres et les nobles n'ont jamais été à la campagne voler nos bêtes, notre argent, notre lard, comme les parents de ceux-là, et je ne les crois pas meilleurs que leurs devanciers. Un renard ne peut engendrer qu'un renard.

PIERRE. — C'est vrai, Charles, je me rappelle un peu ce temps, et je n'ai jamais entendu parler contre la religion, contre les prêtres, comme aujourd'hui, ni entendu dire qu'ils étaient cause des guerres, car nos prêtres à nous sont des gens comme il faut. Eh bien, s'il faut encore aller voter, nous irons leur demander pour qui le faire.

JACQUES. — Quant à moi, je n'irai toujours pas, parce que le grand boucher de la rue Neuve,

M. Jean Colzac, m'a dit qu'ils étaient des trompeurs, et celui-là est un savant.

Charles. — Eh bien, Jacques, s'il vous l'a dit,
vous pouvez être sûr qu'il ressemble à l'ancienne
race; et s'il venait une révolution, il serait peut-
être le premier à aller chercher vos bœufs gras
chez vous.

Mais puisque nous ne sommes pas d'accord,
nous devrions chercher quelqu'un plus avisé que
nous. Si vous voulez, nous irons trouver le
bonhomme François de K'varec; c'est un paysan
bien avisé. Nous le connaissons tous, c'est lui
qui nous dira le mieux ce que nous avons à faire;
et nous dira la vérité. Il a fait toutes ses études
pour être prêtre, et il reçoit tous les jours les
nouvelles de Paris. Nous sommes tôt, nous irons
à la veillée chez lui.

— Nous voulons bien, répondirent Jacques et
Pierre.

A présent qu'il est question des affaires poli-
tiques, on ne passe pas beaucoup de temps à
table, parce qu'on a hâte de savoir quelque
chose; car, les prêtres et les gens de religion, en
qui on avait confiance autrefois, sont mis dans
les affaires et montrés par les méchants comme

des trompeurs et des fourbes, de sorte que le pauvre paysan ne sait plus où il est.

Ces trois hommes se retrouvent chez le bonhomme François, qui, accoutumé à donner de bons avis à ceux qui s'adressent à lui, les reçoit de bon cœur. Charles lui fait part de ce qui s'était passé entre eux en revenant de la foire, et de l'embarras où ils se trouvaient, s'il fallait aller voter pour choisir un gouvernement.

FRANÇOIS. — Hélas! Charles, nous nous plaignons tous de nos peines, de nos impôts et des malheurs qui nous sont arrivés; mais nous en avons été la cause nous-mêmes.

Trompés par les ennemis de la religion, qui ne veulent pas être commandés, nous avons oublié qu'il y a un Dieu maître de tout royaume, et qui nous donnait, pour le représenter, un roi qui devait nous rendre justice.

Le royaume est une grande famille composée de tous ceux qui s'y trouvent. Mais dans une famille, il faut une tête, et ce chef doit être maître légitime, pour que tous les membres de la famille se rangent chacun à sa place. De cette manière, ôtez au père le droit de commander, et vous voyez aussitôt les enfants portés à l'envie et à la malice les uns contre les autres; chacun tire de son côté, chacun veut faire sa volonté; les biens se dissipent, la charité est étouffée. Comme cela, Dieu avait mis en tête de la grande famille de France, un roi qui devait rendre justice à chacun et faire le bonheur de tous. Il était le père de famille et nous étions ses enfants. Quand il mourait, son fils ou son plus proche héritier prenait sa place de la part de Dieu, et jamais le peuple n'avait à souffrir de la part des méchants qui n'osaient lever la tête au changement de roi.

Mais peu à peu, nous avons commencé par écouter ces méchants, et, gagnés par eux, nous nous sommes révoltés contre l'intention de Dieu; nous avons fini par chasser le roi qui faisait le bonheur du pays.

Dès ce moment, les révolutions ont commencé. Entre chaque révolution il nous arrivait un maître quelconque, mais il n'était pas maître légitime. Au lieu de nous rendre la paix, les ambitieux n'ont fait qu'augmenter nos malheurs et donner plus de force aux méchants, en leur donnant la main de peur d'être détrônés eux-mêmes.

Pierre. — Vierge Marie! que deviendrons-nous donc si les méchants dominent toujours? Jamais nos misères ne passeront; le commerce n'ira pas

avec de pareilles gens, et comment pourrons-
nous payer nos loyers et vivre ?

FRANÇOIS. — Nos peines, Pierre, finiront un
jour, si nous voulons. Vous avez entendu le recteur prêcher la parabole de l'enfant prodigue.
Eh bien, en faisant comme l'enfant prodigue, en
revenant chez notre père, c'est-à-dire en revenant vers nos anciens rois, nous pouvons encore
devenir heureux.

Tous les hommes honnêtes et bons regardent
Henri V comme l'héritier des grands rois qui
ont fait la France, l'héritier de saint Louis, l'héritier du martyrisé Louis XVI. — Il me paraît
que le bon Dieu l'a préservé dans tous ses dan-
gers pour nous relever glorieux de la punition
terrible qu'il nous a infligée. Voilà le roi légitime, voilà celui vers qui nous devons aller et
d'esprit et de cœur. Aveuglés par le dire des
mauvais, plusieurs d'entre nous disent vouloir
une chose, d'autres veulent une autre; mais ici,
nous devons rentrer en nous-mêmes et être tous
d'accord pour sauver notre patrie et réparer nos
malheurs. Non, il n'y a qu'Henri V qui puisse
nous relever. Croyons-le bien, les hommes les
plus éclairés en France, peu importe l'opinion
qu'ils avaient auparavant, reconnaissent maintenant que nous devons retourner à celui que

nous avons abandonné, si nous ne voulons tomber dans le plus triste état, la barbarie. Nous devons donc tous être pour Henri V.

Jacques. — Mais François, si Henri V vient, les prêtres seront encore les maîtres. Il ne faut plus qu'ils conduisent le paysan comme il l'ont fait autrefois.

François. — L'année dernière, Jacques, votre femme avait été malade, et vous aviez cependant dit au recteur de venir la voir. Vous même, dans votre maladie, vous l'aviez demandé; et pourquoi?

Jacques. — Parce que j'avais peur de mourir, et alors il m'aurait donné quelques bons avis.

François. — Vous connaissiez donc quelque pouvoir au recteur? vous voyiez qu'il vous rendrait service. Pourquoi alors écouter ceux qui crient contre ceux qui vous rendent service? Ce n'est pas le recteur qui cherche à vous commander; vous devriez plutôt vous défier de ceux qui vous disent toutes ces choses. Ils veulent vous éloigner du prêtre pour venir plus facilement à bout de vous.

Pierre. — Ah! c'est bien vrai, tonton François; vous êtes vous un paysan fin, capable de nous détromper.

François. — Les prêtres nous ont été donnés

par Dieu pour nous enseigner la religion, pour nous conduire dans la voie de notre salut, voilà leur devoir.

Pour les affaires temporelles, leurs avis ne sont pas encore mauvais, car il sont, au moins, aussi instruits qu'aucun de nous. Quoique vieux, je leur demande souvent avis, et toujours je les ai trouvés bons. Nos pères ne faisaient jamais rien sans les consulter, et ils s'en sont toujours trouvés mieux. Aujourd'hui même, dans les paroisses où l'on consulte le prêtre, dans les paroisses où la religion est en honneur, le peuple est bien meilleur que dans les paroisses sans religion. Ils s'aiment tous et sont tous fidèles les uns aux autres. Au contraire, dans les paroisses où l'on s'éloigne du prêtre, on ne trouve qu'envie, larcin, vengeance, etc.....

Le devoir du prêtre est de garantir la justice et la charité parmi le peuple, et c'est pour cela qu'il doit montrer le mal à celui qui le fait, et défendre l'innocent. Voilà ce que nous avons vu jusqu'à présent, et nous devons en remercier Dieu. L'histoire, depuis le commencement de l'Église, nous montre les prêtres s'élevant contre les grands, les rois mêmes, quand ils voulaient oublier leurs devoirs envers leurs sujets. Nos pères et peut-être nous-mêmes, nous avons été souvent heureux de les trouver pour nous tirer de mauvaises affaires. D'un autre côté, quelle est le plus souvent l'origine du prêtre? Paysan ou artisan. Quelquefois il a de la peine à vivre, car ce n'est pas ce que lui donne le gouvernement, à la place de ce qu'il a volé à l'Église, qui peut le faire vivre; il est obligé de trouver d'autres secours. Eh bien, pouvons-nous penser qu'un prêtre que nous aidons à vivre à cause des services qu'il nous rend, pourrait aller contre nous, et manquer de chercher notre profit en tout? Il faudrait être insensé pour le croire.

CHARLES. — J'aime les prêtres, mais les contributions augmentent toujours; et, leur enlèverait-on ce que leur donne le gouvernement, ils vivraient encore. Beaucoup le disent, et la dernière fois qu'on avait voté pour l'empereur, on nous avait dit que c'était pour cela que nous votions.

FRANÇOIS.— Aujourd'hui, on attaque les prêtres en disant qu'ils sont trop riches. D'où vient ce langage? Des ennemis de la religion. Combien de prêtres avez-vous vu faire fortune, Charles? Quant à moi, je n'en ai vu aucun. J'en ai connu plusieurs, qui, bien qu'ils fussent dans de grandes paroisses, n'avaient pas assez de leur mobilier pour payer leurs dettes après leur mort; beaucoup qui étaient obligés de vendre l'héritage que leurs parents leur avaient laissé; beaucoup d'autres, quand ils ne pouvaient plus faire leur service, étaient obligés de tendre la main à Mgr l'évêque pour vivre. D'un autre côté, en demandant qu'on retire aux prêtres ce que leur donne le gouvernement, vous demandez qu'on augmente les impôts au lieu de les diminuer. Le prêtre est obligé de trouver le nécessaire pour vivre selon sa condition. Enlevez-lui ce que lui donne le gouvernement, et dans beaucoup de paroisses il sera dans la misère. Vous savez bien qu'à la révolution, le gouvernement avait volé les biens de l'Église, biens qui avaient été donnés à l'Église par nos pères pour nourrir les prêtres dont ils avaient besoin. En volant l'Église, le gouvernement volait donc notre propre bien, puisqu'il est vrai qu'il nous forçait de nouveau à leur fournir le nécessaire; mais notre Saint Père le Pape, pour nous aider, avait condamné le gouvernement à fournir une partie des intérêts des biens qu'il avait volés. En demandant donc qu'on enlève aux prêtres ce que leur donne le gouvernement, nous lui accordons tout le profit de son vol, et nous nous chargerions de leur fournir tout ce qui pourrait manquer à l'avenir. Voyez maintenant où est notre profit.

Mettons que les prêtres aient même plus d'argent entre leurs mains que nous n'en avons, qui est-ce qui profite de ce qui leur reste après avoir payé leurs dépenses nécessaires? Les paroisses qu'ils desservent. Nous donnons, nous, de temps à autre un morceau de pain, une galette au pauvre; mais, sans parler de l'aumône ordinaire, le prêtre en a encore bien d'autres à faire. Il connaît toutes les misères de la paroisse; il est appelé près des malades; il voit le besoin; il connaît ceux qui n'ont rien et qui cependant n'osent pas demander. Qui est-ce qui leur tendra la main pour les soulager, si ce n'est le prêtre qui s'y trouve? Cette charge tomberait encore sur nous.

Les révolutionnaires disent que les prêtres sont fiers parce qu'ils sont riches. Ils ne sont pas contents, en effet, de les entendre condamner leurs désordres et leurs mauvaises intentions. Mais ce qui les gêne davantage, c'est qu'ils ne peuvent pas venir à bout de ces pauvres gens qui connaissent bien ce que fait le prêtre pour eux.

Jacques. — Tous ne croient pas, François, les prêtres si bons. Le grand boucher de la rue Neuve, homme savant et comme il faut, m'a dit que c'était eux et les nobles la cause de la guerre contre la Prusse.

FRANÇOIS. — Votre fils, Jacques, et mon petit-fils étaient aussi partis pour la guerre; ils ont même été au feu, mais ils n'étaient pas seuls. Qui était parti avec eux? Les prêtres. Quels étaient les premiers au feu et à administrer les blessés au milieu des boulets? Les prêtres. Qui les soignait dans les hôpitaux, lavait leurs blessures? Les prêtres. Oui, le prêtre a partagé avec eux leurs plus grandes peines. Il pouvait rester tranquille chez lui, personne ne pouvait le faire partir; mais il ne voulait pas laisser nos enfants se perdre. Et, en exposant ainsi sa vie, qu'est-ce qu'il demandait? La nourriture du soldat seulement.

Les nobles, dites-vous, ont été aussi cause de cette guerre; mais quels sont ceux qui ont accompagné nos enfants comme les nobles? Voyez-les presque tous partir, vieux et jeunes, répandre leur sang jusqu'à la dernière goutte. Nous avons un noble près de nous, M. de Lambilly; voyez ses trois fils et son gendre partir, sans être obligés, laissant leurs femmes et leurs enfants pour aller défendre leur patrie. L'aîné d'entre eux a été tué, et le père qui est de mon âge, se console en disant: Que Dieu soit glorifié, car mon fils est mort en défendant son pays; il a été administré. Que d'exemples de la sorte pourrais-je vous rapporter de la part des nobles ! D'après tout ceci, serions-nous assez sots pour croire que les prêtres et les nobles aient cherché la guerre pour souffrir et se faire tuer?

Et pendant ce temps, Jacques, où était le grand boucher? Il était sans doute chez lui, à manger les dépouilles de ses veaux. Où étaient Garibaldi et sa bande de voleurs? A courir devant les Prussiens, à faire la guerre aux filles, aux églises, aux couvents; là, il n'y avait aucun danger pour eux. Voilà cependant ceux qui crient contre le prêtre, parce que le prêtre défend les droits des rois et défend les droits du peuple contre les rois. Les méchants ne veulent connaître aucun droit pour les autres; ils veulent tout le bien pour eux et la misère pour tous les autres.

Il est vrai, Henri V aime les prêtres, parce qu'il est chrétien, comme nous devons l'être tous; il connaît comme il faut la loi de Dieu et la met en pratique comme doivent le faire, non pas seulement les gens de la campagne, mais même les grands et les rois du monde; car il sait, qu'en suivant cette loi, il sera juste envers le peuple, comme elle le sera à son égard, s'il lui est fidèle.

PIERRE. — Mais François, si Henri V nous vient, les gens disent qu'il ramènera la dîme et les droits des nobles, et cependant les impôts ne nous manquent pas; bientôt nous n'aurons pas de pain.

FRANÇOIS. — Qu'est-ce que c'est que ces dîmes qu'on craint tant? Sur cent qui en sont épouvantés à les entendre parler, il y en a au moins quatre-vingt-dix-neuf qui ne les comprennent pas. Aujourd'hui, il y a des fermiers qui paient aux maîtres une somme et prélèvent la moitié de toute la récolte. Il y a même des fermiers qui louent leurs fermes à moitié profit, c'est-à-dire, à la condition qu'ils donnent aux maîtres la moitié de tout ce qu'ils y ramassent. Eh bien, avant la grande révolution, à l'Église qui ne recevait rien du gouvernement, on avait donné des terres pour faire vivre ceux qui la desservaient. Les riches bâtissaient des églises, des couvents, et les dotaient de terres au profit de ceux qui étaient chargés d'enseigner la religion. Mais, comme le devoir des prêtres et des moines était d'enseigner la religion, d'administrer les sacrements et de visiter les malades, ils ne pouvaient pas travailler la terre. Il leur fallait donc, pour vivre, avoir une ressource quelconque; c'est pour cela qu'ils donnaient leurs terres aux familles pauvres, à condition qu'elles auraient à payer les dîmes, c'est-à-dire, à condition qu'elles donneraient aux églises ou aux couvents qui leur cédaient ces terres, la dixième partie de leur récolte. De cette manière, sur dix gerbes de seigle ou de froment, la dixième était pour l'Église ou le couvent qui en était le seigneur, et les neuf autres gerbes étaient pour le laboureur qui était le fermier. Voilà ce que c'est que la dîme.

Les nobles avaient autrefois de grands biens ; ils donnaient à ceux qu'ils plaçaient dans leurs terres, la jouissance, quelquefois même le fonds de leurs métairies, à condition de leur payer une très-petite rente (ainsi nous avons vu, il n'y a pas encore longtemps, de grandes métairies pour lesquelles on ne payait que 2 ou 3 écus de rente), ou à condition de leur envoyer une fois l'an, dans une charrette attelée de quatre bœufs, ou un chevreau, ou un œuf, ou de leur donner quelques journées pour entretenir le chemin de leurs châteaux au bourg. En ce temps, ne se trouvait pas parmi le peuple l'orgueil qu'on trouve chez les révolutionnaires ; tout le monde était content, et tous ceux qui voulaient travailler, vivaient à l'aise. Voilà les droits des nobles.

Après cela, Pierre, je vous demande où est le fermier qui ne préférerait pas aujourd'hui payer la dîme, payer les droits des nobles, plutôt que ces forts loyers qu'on a mille peine à ramasser? Mais ces dîmes et ces droits sont tombés pour toujours, et vous pouvez être sûr que ni Henri V, ni aucun autre, ne voudra les rétablir; ce serait même impossible de le faire.

Aujourd'hui donc, le fermier paie au seigneur la moitié de ce que rend sa ferme, tandis qu'autrefois il ne payait qu'une très-petite somme. Au lieu d'une ou deux journées de travail, il voit tomber sur lui quinze et vingt journées; ses enfants lui sont tous enlevés pour aller se faire empoisonner, par les mauvais propos, dans les casernes, perdre leur foi, et pour mourir de faim et de misère. Voilà ce que nous ont valu les révolutions; et ces misérables qui les ont faites, qui tiennent la France enchaînée comme un prisonnier, veulent encore nous tromper en élevant leurs voix contre des coutumes mille fois meilleures et plus honnêtes que les leurs. Ils voudraient nous épouvanter pour venir à bout de nous plus facilement, et nous enlever ce que nous avons.

Charles. — Mais, François, on dit qu'autrefois les nobles faisaient comme ils voulaient. Ils pendaient le pauvre paysan et volaient tous ses biens.

François. — Beaucoup de ce que l'on dit de la

vieille noblesse est faux ou changé par malice, pour exciter les gens contre elle, car les méchants la craignent beaucoup.

Pour le temps passé, nous devons considérer deux choses : 1° Pendant longtemps, les nobles, chacun dans son quartier, rendaient la justice ; quelquefois, à coup sûr, d'une manière un peu barbare. On a vu les messieurs condamner à être pendus sur le haut de quelque montagne, quelques voleurs et assassins qui rôdaient dans nos campagnes. On dit même que dans certaines contrées, on laissait leur corps pourrir, ou devenir la proie des bêtes sauvages. Voilà pourquoi on trouve dans notre pays des montagnes nommées les montagnes de justice. On le faisait ainsi pour épouvanter les méchants qui doivent être punis en tous les temps.

D'un autre côté, en tout temps, il y a eu des méchants, et, dans l'ancien temps, on a fait bien des choses qui doivent être condamnées. Parmi les nobles, il se trouvait quelques méchants, comme il s'en trouve parmi nous. Ils étaient alors en guerre les uns contre les autres, et les méchants, quand ils étaient maîtres, faisaient ce qu'ont fait les Prussiens parmi nous, ce qu'ont fait les révolutionnaires dans Paris, et ce qu'ils veulent faire dans toute la France : ils spoliaient les sujets des nobles vaincus, les tuaient et volaient leurs biens.

Mais, s'il y avait quelques méchants, ils n'étaient pas tous, comme nous ne sommes pas nous-mêmes tous, méchants, quoiqu'il y ait des méchants parmi nous. Nous voyons aussi le plus grand nombre des nobles de ce temps bâtir des églises, des couvents, et les doter de grands biens. Quand leurs sujets étaient malades, nous les voyons courir à la campagne, et leur fournir de quoi les guérir. Quand un tyran venait les piller ou leur faire du mal, nous les voyons prendre les armes pour aller les défendre. La dame du château était entourée de ses sujets qui venaient chercher des remèdes. Quand elle avait un moment, elle allait chez les malades, ou pour les consoler, ou pour les soigner. Cherchez-en autant chez les révolutionnaires qui crient tant contre les nobles; que trouvez-vous? Le plus grand mépris pour la souffrance des autres. Et cependant, comme il y avait des désordes en ces temps-là comme dans le nôtre, le devoir des rois était de les arrêter et de prendre le parti des bons. Nous voyons encore les premiers rois de la famille d'Henri V lever des armées pour venger l'injure faite aux paysans par les mauvais nobles. Suger, ministre de Louis VII, disait : « Le devoir

» des rois est de faire la guerre à ceux qui trou-
» vent leur plaisir à voler et à piller les pauvres
» gens de la campagne, de faire la guerre à ceux
» qui détruisent les églises et à ceux qui s'aban-
» donnent à toute espèce de désordres qui
» iraient toujours grossissants si on les laissait. »

Les nobles s'étaient aussi peu à peu arrogés le droit de rendre la justice dans leur quartier respectif. Mais, comme il y en avait parmi eux quelques-uns qui en profitaient pour voler leurs sujets et les tourmenter, les rois, depuis Louis VII, leur enlevaient ces droits par des lois, et donnaient aux plus simples sujets le droit de se présenter devant eux, même en dépit des plus grands nobles. Ils appelaient ces messieurs, et s'ils ne rendaient pas justice à ceux qui étaient sous leur autorité, aussitôt la guerre leur était déclarée.

On peut donc dire que c'est la famille d'Henri V qui a rendu la liberté aux paysans. Depuis que cette famille commande en France, tous ses soins ont été de défendre les faibles contre la brutalité des puissants.

Parmi tant de rois, on trouverait certainement des rois qui ne valent pas les autres, mais nous trouvons parmi eux des saints et des martyrs, des gens qui se sacrifiaient pour faire le bonheur de tous, et par-dessus tout, le bonheur des faibles; et parmi ceux qui sont venus après eux, nous ne trouvons que ceux qui cherchaient l'honneur et les richesses, souvent même en écrasant les pauvres gens. Depuis quand, Charles, les impôts ont-ils augmenté? Au temps de Charles X, les révolutionnaires qui voulaient abattre nos rois, disaient qu'ils étaient accablés de contributions. Alors nous avions encore à payer une partie de la dette contractée par la révolution et Napoléon 1er. Eh bien, malgré tout, comparez les contributions d'aujourd'hui à celles de ce temps, et dites-moi sous quel gouvernement le paysan a été le plus heureux.

Nos anciens rois ne se sont pas contentés de nous retirer de l'esclavage, ils faisaient encore pour nous ce qui était nécessaire pour diminuer nos impôts; et ceux qui sont venus après eux faisaient tout pour eux et mettaient les autres dans la misère. Si nous connaissons notre faute, essayons donc de revenir vers ceux qui nous ont fait du bien. Il nous reste encore un membre de cette famille, aussi capable que ses aïeux, et il ne refusera pas de se sacrifier pour faire notre bonheur.

JACQUES. — Je le crois assez, François, Henri V est un bon homme; on en dit beaucoup de bien.

Mais, s'il vient, nous aurons la guerre en France, car tous ne sont pas pour lui. Nous aurons la guerre avec l'Italie à cause du Pape qui envoyait aux Prussiens l'argent qu'on quêtait pour lui, et nous avons assez de guerres comme cela.

FRANÇOIS. — Pour trouver la vérité, changeons votre langage, Jacques, et disons : Si Henri V vient, nous n'aurons pas la guerre en France, parce que, Dieu merci, le nombre des méchants est plus petit que celui des bons ; et avec un bon maître on ne sera pas longtemps à les corriger s'ils veulent lever la tête. Mais, si Henri V ne vient pas, nous aurons certainement la guerre en France, car nous aurons la république, et sans tarder, la révolution. Qu'est-ce qui arrivera ? Les uns chercheront à voler, les autres à défendre leurs biens ; les uns chercheront à détruire la religion, les autres voudront la défendre comme ils doivent, et sacrifieront leur vie plutôt que de renier leur foi. Le sang coulera partout, et la France ne sera plus qu'un pays méprisé, un pays ruiné pour jamais.

Le pape était pour les Prussiens ! le pape leur envoyait de l'argent ! Les méchants ne pouvaient rien dire de plus abominable. Toutes les nouvelles qui nous sont venues de Rome, par écrit ou par ceux qui y ont été, nous font voir le pape, priant et disant des messes pour le triomphe de la France. Nous le voyons même écrire au roi de Prusse, et lui reprocher les horreurs qu'il commettait en France. Après cela, pouvons-nous dire que le pape était du côté des Prussiens et qu'il leur envoyait de l'argent ? Comment aurait-il pu le faire, la révolution lui ayant enlevé ce qu'il avait ? Il n'a plus pour vivre et conduire l'Église que la charité que nous lui faisons.

Si Henri V vient, il sera en effet pour le pape, parce qu'il est chrétien et par là même forcé d'être pour lui.

Si Henri V vient, il sera pour le pape, parce que le pape seul soutient les vrais droits, le droit de tous. Il a été trahi comme Notre-Seigneur Jésus-Christ, vendu par l'empereur de France, persécuté de toutes les manières ; et lui seul met obstacle à la révolution, tandis que les autres rois la laissent mettre le pied sur leur cou.

Si Henri V vient, il sera pour le pape, parce que, si nous sommes séparés du pape, il n'y a pas de salut pour nous.

Qu'est-ce que le pape ? C'est le vicaire de Notre-Seigneur Jésus-Christ sur la terre : il tient sa place ; c'est par lui que nous savons la volonté de Notre-Seigneur Jésus-Christ. En refusant de défendre le pape, nous refusons de défendre Notre-Seigneur Jésus-Christ lui-même. Par là, nous devenons des enfants ingrats, car un bon fils doit toujours défendre son père ; c'est un devoir pour tous.

La France est encore chrétienne, et, par là même, obligée de défendre son chef. Il paraît que Dieu l'a choisie pour cela. C'est elle qui lui a donné son royaume, afin de pouvoir conduire les affaires de la chrétienté, sans être gêné par les autres rois du monde. C'est elle qui l'a toujours défendu devant les méchants, et c'est ce qui a fait jusqu'ici sa gloire et son honneur devant l'univers entier. Renoncer à la charge que Dieu nous a donnée de défendre son vicaire, ce serait nous attirer le plus grand déshonneur. En ce moment, nous ne sommes pas, il est vrai, en état de faire la guerre, parce que nous sommes faibles, et la révolution autour de nous ; mais quand le moment arrivera, et s'il n'y a que l'Italie, une douzaine de nos régiments en fera le tour. Voyez combien de temps la révolution a été arrêtée en Italie par une poignée de jeunes soldats, commandés par Charette. Leur vue seule faisait trembler les Italiens. Devant eux, Garibaldi et sa bande de voleurs perdaient leur orgueil et couraient comme un lièvre devant un chien de chasse.

Jacques. — Mais, François, nous avons un fils à l'école, un fils savant, et il dit que si Henri V vient, il n'y aura que les nobles en charges, aux emplois.

François. — C'est pour cela même, Jacques, que je vais vous lire ce qu'écrivait Henri V, il y a plus de vingt ans. J'ai encore les papiers ici.

« J'ai fait mon possible, dit-il, pour montrer par mes paroles et ma vie, que, si je suis appelé de Dieu pour remplacer mes ancêtres sur le trône de France, je ne veux pas être seulement le roi d'une partie de la France, mais le roi de tous, ou, pour mieux dire, le père tous. J'ai toujours reçu tous les Français, sans considérer leur noblesse ou non; je les ai tous écoutés et reçus tous autour de moi.

» Comment, après cela, pourrait-on dire et penser que je veux seulement être le roi des nobles ? Je les ai toujours crus les plus éclairés de France, mais je crois aussi qu'il n'est plus possible d'être un roi entouré de certaines gens seulement comme autrefois.

» J'ai aussi toujours pensé que tous, nobles et autres, doivent travailler de concert pour le salut du pays, les uns par la connaissance qu'ils ont des affaires, les autres par leur autorité. Il faut que tous soient d'accord dans cette guerre entre le mal et le bien. Nous devons tous nous entendre et nous aider pour lever un gouvernement capable de remplir ses devoirs. Je fais appel à tous les hommes éclairés et de bon cœur, quelle que soit l'opinion qu'ils avaient auparavant, pour me secourir par leurs lumières, par leur bonne volonté de sauver le pays, le relever de ses malheurs et lui rendre sa gloire et son bonheur.»

Plus tard, il est encore revenu sur le même sujet. Au lieu, dit-il, d'éloigner de moi quelqu'un, je serai heureux, au contraire, de recevoir tous ceux qui peuvent rendre service, n'importe ce qu'ils étaient auparavant, pourvu qu'ils aient la lumière et qu'ils se donnent la peine de bien servir leur pays ; car, si Dieu m'appelle sur le trône de France, à la place de mes ancêtres, je n'aurai pas trop de tous les hommes éclairés qui aiment leur pays, pour m'aider à remplir tous mes devoirs. »

Vous voyez donc, Jacques, qu'Henri V n'éloigne personne des emplois. Ce qu'il demande, c'est l'intelligence et la bonne volonté pour servir le pays et le rendre heureux.

Charles. — Eh bien ! François, je vous remercie ; maintenant nous comprendrons les affaires. Quant à moi, je serai pour Henri V.

— Nous aussi, répondirent Pierre et Jacques ; nous n'écouterons plus ces gens de ville, et nous dirons aussi aux autres ce qu'ils ont à faire.

François. — Vous avez raison, mes enfants, parce que le profit du paysan et de l'artisan est d'avoir un roi légitime.

Il n'y a qu'un roi légitime qui puisse nous donner la paix et nous rendre heureux. Comme nous l'avons déjà vu, il faut un maître dans chaque ménage, et après la mort du maître, son fils ou son plus proche héritier le remplace. C'est la même chose pour un royaume, qui est une grande famille. C'est en l'oubliant que notre pays a été rempli de révolutions, de vengeances et de jalousies. Aujourd'hui, un orgueilleux ou un voleur veut devenir le maître et se met à la place du maître; demain, ce sera un autre qui le voudra, et il fera la même chose. Mais qu'arrive-t-il? Comme nous l'avons vu maintes fois, on perd confiance; le commerce ne va plus, on ne trouve plus de travail. Qui est-ce qui perd en cela ? Le pauvre marchand qui ne peut plus vendre et est obligé de dire à ceux qui lui ont prêté de l'argent : Je ne peux pas avoir un sou ; je suis forcé de vous dire merci, mais je ne peux pas vous payer. Qui est-ce qui perd encore? Le pauvre fermier qui est obligé de dire à son maître: Le bétail ne se vend pas, le grain est donné pour rien, je ne peux plus tenir votre ferme ni vous payer. Qui est-ce qui perd encore? Le pauvre artisan, le pauvre journalier, qui sont obligés d'offrir leurs bras, et de s'entendre dire : Nous ne pouvons employer personne ; nous n'avons pas le sou. Qui est-ce qui peut vivre comme cela, c'est-à-dire, dans un temps de révolution? Les riches seulement, s'ils ont mis de côté quelque chose, et encore, ils sentent le poids comme les autres. Et qu'arrive-t-il? Nous savons tous que la faim fait sortir le loup du bois. Aussi de cette manière, la grande pauvreté engendre des vices qui sont cause de grands malheurs. Autrefois que nous avions des rois chrétiens, nous n'avions jamais de révolution. On pouvait toujours dire, le roi vit, parce qu'à sa mort, son héritier le remplaçait; rien de changé dans le pays pour cela. Il y avait, sans doute, des pauvres comme il y en aura jusqu'à la fin du monde; mais en France, on vivait bien et heureux.

Et cependant, les apôtres du diable, les ancêtres de ceux qui viennent encore nous prêcher à la campagne, cherchent à abattre le roi. Ils commencent par attaquer la religion, car ils savent bien que la religion cherche toujours le bonheur du peuple, et fait la guerre aux ruses de ses ennemis.

La révolution commence en 1789. Il vient révolution après révolution; et qui en a profité?

La première république a coûté en argent 54 miliards, 960 millions, 642 mille francs.

Maintenant, les villes, les bourgs, les fermes ravagés et détruits en France ou dans les colonies, sont au nombre de 27 mille. Pendant les quinze ans qu'elle a duré, on a détruit 4 millions 27 mille hommes, femmes et enfants.

Dans la deuxième république (1848), on a dépensé au moins 7 milliards en quatre ans et tué 20 mille personnes.

La république d'aujourd'hui a encore augmenté nos dettes de 7 milliards, et qui peut énumérer les personnes tuées? On peut donc dire, en comptant le tout, que la révolution a fait à la France un dommage de 71 milliards, et que pendant ce temps, les révolutionnaires ont été la cause, d'une manière ou d'une autre, de la mort de plus de 4 millions 80 mille personnes. (*Courrier de Rennes*, 15 juillet 1871).

A qui ont profité tant de malheurs et de vols? Est-ce aux paysans qui se voyaient dépouiller de tout ce qu'ils avaient gagné à la sueur de leur front? Est-ce aux journaliers qui ne savent plus où aller chercher un morceau de pain pour apaiser leur faim? Et ont-elles, ces révolutions, profité aux artisans des villes qui ont été réduits en esclavage et forcés de renoncer à leur conscience, à leur Dieu et de profaner le saint jour du dimanche, plutôt que de mourir de faim? Ces pauvres gens sont tombés dans un triste état. En perdant la sanctification du dimanche, ils ont perdu leur bonheur sur la terre. Le cabaret, les mauvais livres, la compagnie des révolutionnaires, voilà ce qui les a presque mis au rang des brutes.

Les campagnards ne sont pas encore, il est vrai, tombés si bas, et voilà pourquoi on dit qu'ils ne sont pas si malheureux. Et cependant, ils tombent aussi ; ils commencent à s'éloigner de la religion et à oublier le respect qu'ils doivent aux prêtres. L'auberge est devenue le lieu ordinaire du plus grand nombre. C'est là qu'on change leur esprit et qu'on les prépare à être révolutionnaires. Comment donc réparer les malheurs passés, et en éloigner d'autres prêts à fondre sur nous ? Il n'y a qu'un moyen : c'est de nous tourner vers notre roi chrétien et légitime. Lui seul peut encore nous rendre heureux, et être pour ses sujets un bon père ; lui seul peut changer le pays de France plus vite qu'on ne se l'imagine. Si le pays voulait aujourd'hui demander son roi, sans tarder, nous verrions tout changer. Le commerce, les affaires, grandes et petites, marcheraient, car nous serions sûrs de l'avenir. Les méchants pourraient alors trembler, parce qu'eux seuls sont les ennemis du peuple ; les bons prendraient des forces et du courage pour réparer le mal fait jusqu'ici.

Chassé de France par les révolutionnaires, Henri V a bien étudié tout ce qui concerne les paysans et les artisans; c'est un homme de religion et d'un grand talent, et par là même, toujours prêt à se sacrifier pour le peuple de son pays, et à faire son bonheur. Pour lui donc nous devons être tous de cœur.

Dernier Avis.

Paysans et artisans, vous qui ne désirez que jouir en paix de ce que vous avez gagné par vos peines et fatigues, ne perdez pas de temps. Tournez-vous vers le gouvernement qui vous coûtera le moins. Ce qu'a payé chacun de nous sous chaque gouvernement nous fera connaître lequel nous devons choisir.

En tenant compte de l'augmentation de la population en France, nous voyons que chacun de nous a payé chaque année au gouvernement :

1° Sous les derniers rois bourbons qui avaient les dettes de la Révolution et de Bonaparte Iᵉʳ à payer, chacun de nous payait 32 fr.

2° Sous le gouvernement de Louis-Philippe, chacun payait 36 fr.

3° Sous la République de 1848, chacun payait 42 fr.

4° Sous Napoléon III, chacun payait 55 fr.

5° Sous la République d'aujourd'hui, je ne croirais pas quitte chacun payant 70 fr.

Si vous voulez donc un gouvernement qui ne vous coûtera pas si cher, voyez sous lequel on a payé le moins.

D'un autre côté, Bismarck, le Prussien brutal qui voulait détruire le pays de France, disait à Francfort, il n'y a pas encore longtemps, qu'il était enchanté de voir la république en France, car il pensait qu'elle finirait par la ruiner. Il préférait encore Bonaparte, et il était content de l'aider à remonter sur le trône, parce qu'alors, Bonaparte aurait fait la volonté de celui qui l'aurait replacé.

« Mais, disait-il encore, un roi légitime se ferait entourer de ceux qui veulent relever la France. Elle deviendrait encore forte et nous n'en serions plus les maîtres; voilà ce que nous devons empêcher. » (*Courrier de Rennes*, 16 septembre 1871.)

Si nous voulons notre bonheur, éloignons-nous donc de nos ennemis, et allons tous à celui qui peut nous sauver.

UN PAYSAN.

Nantes. — Imp. Vincent Forest et Émile Grimaud, place du Commerce, 4.

www.ingramcontent.com/pod-product-compliance
Lightning Source LLC
Chambersburg PA
CBHW061719060726
47597CB00006B/2470